公民行動方案 2
Project Citizen II
學生手冊

五南圖書出版公司 印行

國家圖書館出版品預行編目資料

公民行動方案.2：學生手冊/ Center for Civic Education原著；吳愛頡譯. -- 初版. -- 臺北市：財團法人民間公民與法治教育基金會, 2022.07 面； 公分 譯自：Project citizen. II ISBN 978-986-97461-7-5（平裝） 1.CST: 公民教育 2.CST: 公共政策 3.CST: 中學課程	
524.45	111005297

公民行動方案 2：學生手冊

原著書名：Project Citizen II
著 作 人：Center for Civic Education（http://www.civiced.org/）
譯　　者：吳愛頡
策　　劃：林佳範
本書總編輯：李岳霖

編輯委員：謝靜慧、黃金宏、林莉婷、沈倩伃、許民憲、劉金玫、滕澤珩、黃啟倫
責任編輯：林佳瑩、許珍珍
出 版 者：財團法人民間公民與法治教育基金會 （104台北市松江路100巷4號5樓）
出版者電話：（02）2521-4258　傳真：（02）2521-4245
出版者網址：www.lre.org.tw

合作出版：五南圖書出版股份有限公司
發 行 人：楊榮川
地　　址：106台北市大安區和平東路二段339號4樓
電　　話：（02）2705-5066（代表號）
傳　　真：（02）2706-6100
劃　　撥：0106895-3

版　　刷：2022年7月初版一刷
定　　價：260元

親愛的學生、老師和家長們：

　　謹代表公民教育中心歡迎您們參與「我們・人民（We the People）：公民行動方案」專題教育課程，希望大家會覺得既有趣又收穫豐富。

　　美國林肯總統曾說，我們的政府是「民有、民治、民享」的政府。我們有權參與自我管理，以保障我們的各種權利並促進共同福祉。而我們在享有此參與權的同時，也承擔了一定的責任，我們必須發展知識與技能俾能有智慧地參與，並且培養為全體人民促進自由和公義的意願。

　　我們深信本課程能增加學生們的知識、增進他們的技巧，幫助他們更深入的瞭解如何一起努力讓社會變得更好。

　　祝福大家。希望您們會覺得本課程確實是一個既具啟發性又很值得的學習經驗。

誠摯的友人
執行長
Charles N. Quigley

Dear Students, Teachers, and Parents:

　　We at the Center for Civic Education welcome your participation in We the People: Project Citizen, a program in civic education. We hope you will find it interesting and worthwhile.

　　In the words of Abraham Lincoln, we have inherited a government that is "of the people, for the people, by the people." Our right to participate in governing ourselves in order to protect our rights and promote our common welfare carries certain responsibilities. Among these responsibilities are the need to develop the knowledge and skills to participate intelligently and the willingness to promote liberty and justice for all people.

　　We believe this program will add to students' knowledge, enhance their skills, and deepen their understanding of how we can all work together to make our communities better.

　　We wish you well, and we hope that you find the program a stimulating and valuable experience.

Sincerely,

Charles N. Quigley
Executive Director

近年來，臺灣出生率持續下探，少子女化已成為不能不面對的國安危機，如何讓每一位學生都成為負起國家發展重責的公民，更成為刻不容緩的課題，除了成就每一個孩子適性揚才之外，涵育公民責任、厚植民主素養、法治觀念、參與公共政策行動，更是課綱中重要的課程目標之一。

從太陽花學運、反黑箱課綱、環保運動、土地正義行動等不同類型的街頭行動，處處可見青年學子積極參與，見證青年學子對土地與社會的關注。國家發展委員會建置的「公共政策網路參與平台」也常見學生提案，透過另一種方式參與公共政策，中央及地方政府陸續設置青年相關部門，各項會議學生實際參與公共事務討論，更漸漸成為常態。

不過，若以整體比例而言，仍有更多學生並未實際參與公共行動，殊為可惜，我們以為，公民議題不該只是教科書上的知識，「民間公民與法治教育基金會」長期致力培養具有良好公民素養並懂得批判性思考的下一代，持續於各級學校推廣「民主基礎系列」（Foundations of Democracy）、「行動公民方案系列」（Project citizen），涵養學生參與政府運作的能力並引導學生實踐公共行動，對公民素養的培養具有莫大的助益。

2022 年底，有機會進行我國史上首次修憲公民複決投票。

經多年討論，立法院終於在 2022 年 3 月 25 日以 109 票無異議通過「18 歲公民權修憲」，之後將交由公民投票複決，以往只在教科書上出現的複決權，即將成真，一旦公民複決過關，未來我國的公民權將下修到 18 歲，與多數國家一樣，不過後續複決通過的門檻相對很高，相信學生代表們會透過具體公民行動倡議，努力讓修憲通過，這將是一個具時代意義的公民行動實踐。

再次感謝「民間公民與法治教育基金會」對提升臺灣公民素養與行動力的努力，期待透過公民行動方案 2 的出版，讓公民素養的種子在校園深根。

侯俊良

全國教師工會總聯合會理事長

有時候，我們真的很生氣。

學校的規定實在太荒謬了！這樣的法律政策真是亂搞！明明可以這樣做，竟然沒人想要改變……

愛抱怨是一件好事，更是社會進步的最大動力。因為我們在乎自己的生活，我們期待環境可以變得更好。

因為有人抱怨臺灣空氣實在太髒，所以政府被迫降低燃煤、管制各項污染源；因為有人抱怨全球暖化，於是歐盟明年更全面推動 CBAM 機制，以碳稅迫使各國淨零碳排；因為有人抱怨普丁瘋狂侵略導致生靈塗炭，所以西方各國紛紛提供烏克蘭軍事與經濟援助……。

不過，抱怨要有方法，我們稱為問題意識。這個問題到底是什麼？是誰造成的？有沒有人曾經想改變？又遇到了什麼困難……。抱怨之後要有行動，行動也要有方法：誰是握有權力的人或組織？要如何說服他？法令政策為什麼這樣制定？如果要改變，可以怎麼改，為什麼這樣改就可以讓事情變得更好？有沒有人會因為你的改變而受損害？

「公民行動方案 2」這本書，是美國公民教育中心的專題教育課程。沒有太多大道理，也沒有複雜的理論陳述。它就是一本工具書，提供一套問問題跟諸付行動的方法，這套方法當然不是唯一途徑，更不是絕對真理，不過確實是有效可行的參考。

這當然只是本工具書，一切還是得回到初心，我們為什麼生氣？生氣之後我們如何行動？行動之後，你我的生活環境跟臺灣社會，有沒有因此變得更好？

陳信聰
公視有話好說製作人兼主持人

前言 誰是「公民」？誰能「行動」？

誰是「公民」？

依照《中華民國憲法》第 130 條「中華民國國民年滿二十歲者，有依法選舉之權」，換言之，凡年滿 20 歲的中華民國國民，而能行使「公民權」者即為「公民」嗎？法律上的公民資格很明確，惟現實上這些人都會去投票嗎？這些人都會關心國家的公共事務嗎？甚者，這些人都會捍衛國家的主權嗎？或這些人會為社會或國家好，而願意採取行動的人嗎？再者，縱使這些有意願者，我們仍要問，其是否真有能力把國家或社會改變好嗎？因此，從法律到現實上，公民的意涵絕非僅是從法條的文字來界定，更期待在現實生活中我們所面臨的各種挑戰，不管是公共衛生上如疫情或國家安全上如中共戰機擾台，公民應是有能力參與民主公共審議，而能承擔公共責任與有公民行動力的人。

誰能「行動」？

依照前面的推論，公民應是有能力參與民主公共審議，而能承擔公共責任與有公民行動力的人，惟現實上不是從出生每個人皆能達到如此理想的資質，而必須在教育上從小扎根。鑒於此，「民間公民與法治教育基金會」是結合臺灣社會中教育界、律師界、特別是扶輪界的夥伴們，而願意承擔如此的挑戰並採取行動的公民，向「美國公民教育中心」（Center for Civic Education, USA）取經，引進在美國已推行多年的民主公民教育教材，除《民主基礎系列》外而最能培養公民責任感與公民行動力的教材，非《公民行動方案系列》莫屬。這套教材，從學習何謂「公共政策」開始，引領學子們從界定身邊的公共議題開始，而進行實際的社會問題探究，最難能可貴者在於，其更引導要從實際的社會行動面向，來提出可行的社會行動方案，在此過程中透過做中學方式，培養出具有公共責任感、社會探究能力、與公民行動力的未來公民。

面對未來挑戰的準備？

在面對 21 世紀的挑戰，我國亦提出「十二年國民基本教育的課程綱要」而強調培養具有「自發、互動、共好」等核心素養的終身學習者，特別在「社會領域的課程綱要」中強調「社會探究」的重要，此與《公民行動方案系列》不謀而合，皆強調培育批判思考與公共行動力的終身學習主體。甚者，在 2022 年的選舉更搭配降低公民投票權的憲法修正案複決投票，惟先不管法律降低選舉資格的年齡要到多小，如前所推論，更基礎的工作應該是從小即要培養其公民責任感與行動力，很高興《公民行動方案系列》，可作為我們朝此方向努力的準備。回答最開始的問題，答案應該很清楚：有公民行動能力的人，才是公民。

林佳範

民間公民與法治教育基金會董事兼執行委員、臺灣師大公領系副教授

PROJECT
公民行動方案2
Citizen II
目錄
學生手冊

第一章

公民行動方案介紹

課程目標

本章將簡單介紹與敘述 5 個基本概念，它們不僅有助於同學認識美國的政治體系，並能說明公民行動方案的課程目標。上完本章後，同學應該能夠闡述這 5 個概念及其涵義，並能評估公民行動方案的目標。

- 自由主義（liberalism）
- 憲政主義（constitutionalism）
- 民主（democracy）
- 共和（republic）
- 聯邦主義（federalism）

綜合上述 5 個概念，我們可以說美國的政治體系是一個結合自由主義與憲政主義，實行聯邦制的民主共和國。

自由主義

「liberal」一詞是從「liberty」（自由）衍生而來。在一個「liberal」的政治體系中，個人的權利和自由將受到高度的重視與保護。《美國獨立宣言》中說：

「凡人生而平等，造物主賜予人們諸多與生俱來不可剝奪的權利，包括生命權、自由權與追尋幸福的權利，為確保這些權利，人們同意建立政府，賦予統治的權利……。」這段話特別強調個人的權利和自由，正是美國政治體系具備自由特質的最佳證明。

我們必須明白「liberal」一詞有多種涵義，在本課程中的「liberal」指的是「liberty」。而「liberal」一詞也常用於表述個人對於社會、經濟或政治事件所持有的態度，相對於「保守」的「自由」立場。千萬不要混淆了「liberal」不同的涵義。

憲政主義

美國是一個「立憲政府」（constitutional government），所有的人民，包括任職於政府機關的人員，都必須遵循作為上位法的憲法。此外，立憲政府也是「有限政府」（limited government）。透過憲法，人民把自己的權力（power）授予政府，讓政府能夠達成其成立的各項目的。

獨立宣言的第 2 段和美國憲法的前言，都清楚說明成立政府的主要目的。人民之所以同意成立政府，讓政府持續運作，並遵守政府制定的法律，是因為政府被賦予達成這些目的的責任。

> 我們堅信「人人生而平等」——這項真理不說自明。造物主賜予人們諸多與生俱來不可剝奪的權利，包括生命權、自由權與追尋幸福的權利，為確保這些權利，人們同意成立政府，賦予統治的權力……。
>
> 《美國獨立宣言》

> 我們美利堅合眾國的人民，為了組織一個更完善的聯邦、樹立正義、保障國內的安寧、建立共同的國防、增進全民福利和確保我們自己及我們的後代能安享自由帶來的幸福，乃為美利堅合眾國制定和確立這一部憲法。
>
> 《美國憲法前言》

《美國獨立宣言》和《美國憲法前言》清楚告訴我們，政府的主要目的是：
- 保障每個人與生俱來的權利，包括生命權、自由權、財產權，和追求幸福的權利。
- 樹立正義。
- 保護個人的安全並建立公共秩序。
- 保護個人免受傷害。
- 提供全民福利。

民主

　　美國是一個「民主制」國家，因為大家相信「主權在民」（popular sovereignty）。「主權在民」的意思是，政府根本的權力是來自於人民同意把權力授予由人民成立的政府，如果政府錯用或濫用人民賦予的權力，人民則可以改換或廢除這個政府。此外，民主制也意味著公民（除少數例外）都可以自由投票選舉以及擔任公職人員。

共和

　　美國是「共和制」（或代議民主）政體，大多數的政府決策都是由任職於政府機關的代表作成，而不是像直接民主制那樣由人民直接投票決定。

聯邦主義

　　美國是一個擁有聯邦政府體制（聯邦主義）的國家，政府權力和責任分別劃分至聯邦政府、州政府與地方政府，聯邦政府處理全國性事務，州政府與地方政府則負責地方性事務。藉由不同層級政府間的分權與制衡，能達到限制和檢視國家權力使用的目的。本課本中使用的「民主」和「共和」這兩個名詞是指政府體制的類型，不是指美國的「民主黨」和「共和黨」。

同學們 2 至 3 人分成一組，討論以下的問題，然後準備向全班展示和討論你們這組的答案。

- 從美國政治體系中找出這 5 個概念的例子。想想看，還可以用哪些名詞或術語來介紹美國的政治體系呢？
- 在個人權利的保護上，這 5 個概念各自有哪些優點？哪些缺點？
- 在民主共和的政體下，經由美國憲法和各州憲法的制定，人民將大部分參與政府運作的權責委任給相關代表[1]。既然如此，為什麼人民仍應該參與政府的運作？人民可以不參與嗎？請說明。
- 人民需要具備哪些能力，才能勝任並負責任的參與政府的運作？

　　美國是民主國家，政府的多數決策和執行，必須由民選代表及委任代表進行。從建國之初，人們就體會到要維繫一個功能健全的民主制度，使其最終能成為一個自治的體系，實有賴於公民的積極參與。作為一個積極參與政府運作的公民，必須要：

- 瞭解政府組織。
- 具備足夠的知識、技巧及參與意願。
- 以開明、理性的態度認同美國民主的基本價值和原則。

---

[1] 以我國為例：相關代表有民選首長及民意代表等。

公民行動方案課程的主要目的，在培養同學們參與政府運作的能力和責任感。這樣的參與，除前述的各項需求外，你們還需要具備能夠持續追蹤或監督政府正在做什麼，並能夠在人民關心的議題上影響政府的能力。

在美國這樣一個龐大又複雜的國家，想要監督或影響政府並不容易，美國聯邦制度包含三權分立（行政、立法和司法）的聯邦、州和地方各級政府，以及眾多的附屬機關。事實上，全美國有超過87,000個各級政府及其附屬機關。對公民來說，要明白哪一個層級的政府或附屬機關應該為哪一些事件負責，實在是極大的挑戰。

公民行動方案課程提供一種實作的方式，讓同學學習複雜的政府體系以及該如何監督和影響政府。同學們將會共同對所在的社區進行研究、尋找政府應該處理卻沒有處理，或是處理得不完善的問題，並從中選出一個問題，透過團隊合作進行下列任務：

· 研究問題。
· 確認可解決問題的各種選擇方案，並衡量各方案的利弊得失。
· 針對問題提議一項需要政府行動，並且不違反州憲法和聯邦憲法的解決方式。
· 提出一項行動計畫，以影響政府機構，讓他們願意考慮或採納同學們所提出解決問題的方案。

當完成這些工作後,同學們要記錄所有的工作內容和做成資料檔案,放在文件資料夾裡面,然後參加模擬公聽會,在公聽會中向社區政府機關或相關私人機構的代表呈現你們的工作成果。如果全班同學都同意,也可以積極嘗試讓政府相關單位的官員考量或採納你們提出的問題解決方案。

在整個公民行動方案的進行過程中,同學們可以透過「做中學」成為積極參與社區的公民。完成這些工作後,你們應該學到:

・「公民社會」(civic society,社會中的志工活動領域)的存在和在政治程序(political process)中所扮演的角色。

・哪些層級的政府和機關有權威和責任來處理同學們選定的這個問題。
・如何監督及影響社區、州或國家的政治程序。

或許同學們只能專注在社區或各州的某個特定問題,但是從課程中獲得的知識和技能,卻能幫助你們有能力且負責任的參與美國的政治體系。

公民行動方案課程的贊助者希望經由這個課程的學習和經驗,培養並鼓勵同學們積極參與社區、州和全國的政治活動。如果美國要實現當年建國的歷史任務,成為民有、民治、民享及堅守自由和正義的國家,美國公民就必須積極參與這個自治體系。

D 對參與社區的政治生活的認識和想法

在進入公民行動方案的下一個步驟之前，請同學們回答表格 1 的問題。這些問題是關於公民在民主社會中的責任，以及對參與和參與結果的認識。填寫好以後，請同學們請教幾位成年人這些問題，並記下他們的答案。

請同學們和全班分享個人的發現，並討論大家蒐集到的資訊，同時記錄自己的想法，以對照在完成公民行動方案之後，對相同的問題是否會有不同的答案。

◎ 表格 1　參與民主政治 ◎

1. 公民有沒有責任參與社區的公民生活？如果有，應該參與到什麼程度？
   (A)　沒有責任
   (B)　有一些責任
   (C)　有大部分責任
   (D)　有非常大的責任

   請說明你的答案：

   _____

   _____

   _____

   _____

2. 公民有沒有責任參與地方或中央政府的公共政策制定程序？如果有，應該參與到什麼程度？
   (A)　沒有責任
   (B)　有一些責任
   (C)　有大部分責任
   (D)　有非常大的責任

   請說明你的答案：

   _____

   _____

   _____

   _____

3. 在社區中，公民可以做些什麼來監督公共政策的制定和實施？

   _____

   _____

   _____

   _____

4. 在社區中，公民可以做些什麼來影響公共政策的制定和實施？

   _____

   _____

   _____

   _____

5. 公民怎麼做才能接觸地方或中央政府的政府機關？

_____

_____

_____

_____

6. 公民社會中的志願組織（voluntary organization）可以用哪些方式參與公共政策的制定和施行？

_____

_____

_____

_____

7. 如果一個人決定不參與公民生活會有什麼結果？如果一大群人不參與公民生活會有什麼結果？

_____

_____

_____

_____

第二章

公共政策介紹

課程目標

這一章要介紹一些背景資訊，幫助同學們瞭解「公共政策」（public policy）
這個名詞，以及公共政策在地方政府、州政府和中央政府中所扮演的角色。
上完這一章，同學們將會瞭解私人領域、公民社會和政府是組成社會的三大
部分，並且針對適合處理某些特定問題的方式，能夠進行評估、確定立場與
捍衛自己的主張。最後，同學們必須能夠說明在處理一般性的社會問題時，
公共政策所應扮演的角色。

為達成本章的目標，我們從以下 3 個部分或領域來看社會的組成：

私人領域（prive sphere）

　　這個社會領域是指：和家庭、朋友相關，合法追求個人的利益，不會受到政府不合理或不公平的干涉。

公民社會（civil socirty）

　　這個社會領域是指：人們自願性的互動、結伴來追求共通的利益，人們可能是各自進行，也可能是以社會、經濟或政治聯盟組織成員的角色來活動。雖然這些聯盟或組織都是依據法律運作，他們卻不是屬於政府的機關，也不能強制人們參與。

公民社會中的聯盟和組織能有效的監督與影響政府的工作，也能檢驗或限制政府的權力運作。

政府（government）

　　這個社會領域是指：中央政府、州政府和地方政府裡的正式機關，包括這 3 個層級政府的立法、行政及司法部門。

課堂活動：區分不同的社會領域

以下是一些在美國的日常活動的表列，請同學們判斷每一項活動是屬於：(A) 私人領域、(B) 公民社會、(C) 政府、(D) 以上三者之任何可能組合。

1. 地方學校委員會（local school board）更改畢業的條件。

   (A)　　(B)　　(C)　　(D)

2. 蘇珊成為女童軍。

   (A)　　(B)　　(C)　　(D)

3. 卡門和朋友去吃飯和看電影。

   (A)　　(B)　　(C)　　(D)

4. 馬可和親朋好友在國慶日野餐。

   (A)　　(B)　　(C)　　(D)

5. 莎拉和他的兩個妹妹一起加入工會。

   (A)　　(B)　　(C)　　(D)

6. 高原俱樂部遊說州政府通過環境保護的法令。

   (A)　　(B)　　(C)　　(D)

7. 州議會通過限制邊開車邊用手機通話的法律。

   (A)　　(B)　　(C)　　(D)

8. 市民加入納稅人聯盟，希望能讓政府降低稅率。

   (A)　　(B)　　(C)　　(D)

9. 聯邦政府授權一家私人企業修補某一段的州際高速公路。

   (A)　　(B)　　(C)　　(D)

10. 市議會通過在公園中設立禁菸區的法令。

    (A)　　(B)　　(C)　　(D)

特定問題應該由哪個
領域處理？

 課堂活動：決定哪個或哪些
領域應該要負責處理某些常
見的社會問題

有時候，我們可以很清楚某個問題或議題是由私人領域、公民社會、政府或是以上三者之任何可能組合來處理；有時候，理性的人對特定問題或某些類型的問題，應該由哪個領域負責處理有不同的看法。這些差異可能來自個人的想法，或是對政府在社會中應扮演的角色所抱持的思想觀點而有所區別。有些人認為，政府應該對社會上大部分的問題負責任；有些人則認為，政府對社會問題的干預應該要有所限制，而且大多數的問題都應該由公民社會或是個人在私人領域中處理。

以下是一些常見的社會問題，請同學們決定主要負責處理的是哪個或哪些領域：(A) 私人領域、(B) 公民社會、(C) 政府，並準備好為自己的立場辯護。

1. 確保嬰幼兒從出生到 3 歲之間能吃到營養均衡的食物，並養成良好的衛生習慣。

   (A)　　(B)　　(C)

2. 確保兒童們獲得平等的受教育機會。

   (A)　　(B)　　(C)

3. 促進兒童的道德發展。

   (A)　　(B)　　(C)

4. 貧窮老人的照護。

   (A)　　(B)　　(C)

5. 防衛國家邊界。

   (A)　　(B)　　(C)

6. 城市、鄉鎮的街道維護。

   (A)　　(B)　　(C)

7. 提供低收入戶醫療照護。

   (A)　　(B)　　(C)

8. 保護人民遠離犯罪行為。

   (A)　　(B)　　(C)

9. 維護社區的道德水準。

   (A)　　(B)　　(C)

10. 建設公路、橋梁和水壩。

    (A)　　(B)　　(C)

11. 保衛國家不受外來的攻擊。

    (A)　　(B)　　(C)

12. 促進經濟繁榮。

    (A)　　(B)　　(C)

　　學者們對「公共政策」有很多不同的定義，如果逐一予以檢驗，將會導致偏離公民行動方案課程的主要目標，所以我們選定下述這項定義，作為課程的主要方向。

公共政策的定義和功能

　　在民主社會，公共政策是一個或一組概念，用以引導處理公共議題或問題的行動方針或程序。

　　公共政策經常體現在法律、命令或規章中，或是透過政府程序獲得認可，藉以實現政府保障人民權利及促進一般公共福祉的目的。

實例：

- 每一州都有提供一定年紀以下的學生免費接受義務教育的法律，教育可提供他們日後所必須具備的知識和技能，使他們成為有能力、有責任感的公民並具有謀生的能力。這些法律反映出尊重每個人「追求幸福」的權利，並關注全民福祉的提升，期望培育出有知識、技能、責任感及能獨立自主的公民。

公共政策的目的是要分配社會中特定的利益和負擔、管理資源分配與處理衝突。舉例而言，公共政策

- 提供所有年輕人免費教育的利益，將教育的費用轉嫁給納稅人負擔。
- 管理私人公司（例如：木材公司）對於公有土地的使用。
- 提供司法體系來處理人民的衝突。

地方政府、州政府和中央政府都會制定公共政策，並付諸施行，並且處理公共政策產生的爭議，例如：

- 地方政府為提倡環保，可能會訂定一項政策，要求人民把可回收和不可回收的垃圾予以分開。
- 州政府可能會舉行公聽會，聽取開發商和環保人士對公用土地如何處理的歧見。

公共政策的實施

公共政策可以藉由以下方式執行：

- 政府機關單獨執行。例如：像聯邦政府分配社會救助金給符合資格的人。
- 政府機關和公民社會合作執行。例如：政府部門和私人企業簽約，進行修築道路、橋梁、水壩或機場等公共建設。

- 對同樣的問題，政府機關和公民社會各自獨立進行，例如：
  - ▲地方政府和宗教組織都提供遊民庇護所和托兒所。
  - ▲政府部門和慈善團體（例如：紅十字會）對天災的受災戶都有其協助計畫。

- 公民社會依據政府的政策處理政府沒有處理的問題，也就是政府將這些問題交由公民社會或私人領域來處理。例如：
  - ▲專業協會提供特別的教育訓練計畫來增進會員的知識和技能。
  - ▲宗教組織想要提升其成員的道德意識。

「程序正義」與「公共政策」的制定和實施

程序正義（procedural justice）是指用公平的方式蒐集資訊和做決定。在民主社會裡，特別是在政府單位或機關任職的「人民公僕」，更需要用公平的程序制定和執行公共政策，才能讓人民遵守政策，參與政府的運作。程序正義的目標是：

- 增加發現有助於做出明智且公正決定所需資訊的機會。
- 確保做決定時，明智且公正的運用資訊。
- 保護重要的價值和利益，如隱私權、人性尊嚴、自由權、分配正義，以及效率。

圖片來源／陳德信攝影

公平的程序必須包括下列項目：

對大眾公開

除非有必須保密的正當理由，像是國防機密或是爲了保護未成年人，否則程序正義必須對所有人公開，才能讓民眾知道政府在做些什麼，並能夠在人民認爲有需要的時候去影響政府。

提供大眾相關且正確的資訊

除非有正當理由，例如爲了國家安全或是保護基本人權，否則政府必須提供制定與執行公共政策等相關資訊讓人民知悉。

提供公平的通知或公告

可能會影響人民的行政行爲，政府必須事先告知人民，讓人民有足夠的時間準備和因應。

必要時提供專家的協助

如果有人想對政府的行政行爲表達意見，他們有權利獲得相關領域專家的協助，得以適當的參與程序，像是請翻譯或是請律師來幫助他們表達立場。

提供尋求己方證人和檢驗對方證人的權利

人民有權利尋求支持己方立場的證人，並得以檢驗反對其立場的證人。

提供公正公聽會的權利

政策應由不會從決策結果中而獲利的公正第三方做出決定。

提供救濟的權利

對於政府機構的決定，人民應該有向公正的機關提出救濟的權利。

COVID-19 SAFETY NOTICE

- Wash/sanitize your hands
- Wear a mask
- Maintain social distance
- Sneeze or cough into a tissue or into your elbow
- Avoid handshakes

以下 4 項描述中，哪一項最能確切的敘述下列 10 個狀況？請說明你的選擇。

(A) 政府機關提出公共政策以解決問題。

(B) 政府機關和公民社會合作，提出公共政策以解決問題。

(C) 政府機關和公民社會各自獨立解決問題。

(D) 公民社會獨立解決問題。

1. 政府資助進行醫學研究、建設州際高速公路和高等教育。

    (A)　(B)　(C)　(D)

2. 政府發行食物券、教會志願奉獻來協助窮人。

    (A)　(B)　(C)　(D)

3. 宗教組織提供教育課程來促進特定的道德標準。

    (A)　(B)　(C)　(D)

4. 聯邦政府設立國土安全部門來保護國家不受恐怖主義的威脅。

    (A)　(B)　(C)　(D)

5. 社區團體帶弱勢的鄉村學童出遊。

    (A)　(B)　(C)　(D)

6. 執法單位對社區的守望相助團體提供訓練。

    (A)　(B)　(C)　(D)

7. 政府和私人團體各自提供遊民食物和臨時住處。

    (A)　(B)　(C)　(D)

8. 社區團體安排社區中的年輕人探訪獨居老人。

    (A)　(B)　(C)　(D)

9. 聯邦政府對企業提出租稅優惠方案，鼓勵企業設置在高失業率的地區。

    (A)　(B)　(C)　(D)

10. 教育局授權支應公共經費給特許學校。

    (A)　(B)　(C)　(D)

在美國和一些公民社會高度發展的國家，非常重視人民隱私的基本權利，政府不能干涉人民生活中的私人領域。在這些國家中，很多問題都是由個人私下或是由公民社會處理，沒有政府介入。事實上，讓公民社會與（或）私人領域來處理問題就是一項美國的公共政策。

然而，有些問題若是由政府主導和公民社會共同處理，或是由政府單獨處理會更有效率。因為這個課程的主要目的是要幫助同學們認識地方、州和中央各級政府的工作，以及人民該如何監督和影響各級政府的工作，所以我們必須把焦點放在公共政策問題，而不是那些單獨由私人領域或公民社會處理的問題。

請同學們閱讀下列表格 2 中間的欄位：第 1 個社區問題的例子。接著，看看政府機構運用公共政策作為解決方案的範例：然後比較第 1 欄有或沒有和公民社會合作，以及第 3 欄單獨由公民社會處理的狀況。接下來，請同學在其餘的空格裡填入自己對其他的問題，用公共政策和公民社會解決方案的建議。在最下面的空白欄位寫下你自己社區裡的問題，並確認用公共政策和公民社會的解決方案。完成後，請和小組成員或全班同學分享你的答案。

◉ 表格 2　對社區問題制定公共政策和公民社會解決方案 ◉

　　請先閱讀社區中的第 1 個問題範例（見以下中間欄位），以及解決這個問題的公共政策方案，包括有政府機關介入執行的公共政策（左欄），和完全由公民社會處理的解決方案（右欄）。請同學們完成整張表格，就社區問題分別提出「公共政策解決方案」及「公民社會解決方案」。運用最後一列的空白處寫下你自己社區裡的問題，以及用公共政策和公民社會兩種不同的解決方案。完成後，請跟班上同學和小組成員分享、討論你的想法。

公共政策解決方案 Public Policy Solution	社區問題 Community Problems	公民社會解決方案 Civil Society Solution
市府官員設立一項方案，發給窮困的市民提貨券，讓他們到合作加盟的商家兌換食物和衣物。	社區中的貧困家庭需要食物和適當的衣物。	民間組織成員募捐食物和衣服，發給有需要的人們。
	學齡兒童深夜在街頭流連（遊蕩）。	
	家長沒有適當地使用汽車安全座椅來保護孩童。	
	社區湖泊遭受污染、垃圾堆積如山。	
	職業足球隊的老闆，希望能在市區裡蓋一座足球場。	
	許多地方中學的學生在寫作業和考試時作弊。	

第三章
公民行動方案的進行程序

 **課程目標**

在這一章中，同學要對你們社區所面臨的各項問題進行調查，並將焦點集中在需要一定程度的政府力量介入，才能成功解決的問題。

同學們隨著以下的 6 個步驟程序，你們將能夠確認出重要的問題並進行研究，以建議一項可以解決問題的公共政策提案，並製作成資料檔案及以舉辦公聽會的形式，呈現你們的研究結果和提案。

進行步驟

本章所述的「公民行動方案」進行程序的 6 個步驟如下：

步驟 1：確認需要用公共政策解決的問題。

步驟 2：選定班級要研究的問題。

步驟 3：蒐集班級所選定要研究問題的相關資訊。

步驟 4：發展專題檔案。

步驟 5：在模擬公聽會報告專題檔案。

步驟 6：經驗回顧。

步驟1

確認需要用公共政策解決的問題

在這個步驟中,同學們要先確認社區或地方上的問題,而這些問題主要是應該由政府或政府和公民社會合作才能處理,它們可以是同學們的切身經歷、聽說、曾經在報章雜誌上讀過,或是廣播、電視及網路上報導過的問題。

透過確認問題的過程,同學們可以學到這些問題可能是由哪些地方、州或中央政府部門負責處理。

本步驟的目標是要為步驟2做準備,屆時全班要從中選定一個問題,做進一步研究,並提出一項解決問題的公共政策提案,參與「公民行動方案」。

每一個社區、州和國家都有必須以公共政策來解決的問題。下面列出幾個在美國通常需要用公共政策來處理的問題類型：

- 提供所有學生安全、整潔的校園和優質的教育。
- 保護並監督社區中的青少年。
- 提供社區成員生活所需的基本服務。
- 促進生命安全和生活保障。
- 促進公共衛生。
- 促進並維護社區工作機會和商業發展。
- 保護環境。
- 維持社區禮儀標準。
- 保障公民的基本權利。

　　請同學們分成 2 或 3 人的小組，每一組找出 3 到 5 個在你的學校、周遭鄰里、縣市或州所面臨的問題。各組可以用上述的 9 種類型或選擇其他類型來發現問題，再從問題清單中，選出一個組員們都認為適合進一步研究的問題。

　　請同學們注意，選定的問題務必是可以用公共政策來處理的。各組要記錄討論的結果，並準備向全班同學報告。

　　請同學使用本手冊第 38-40 頁的表格 3：「訪談紀錄表」，蒐集所選定問題的相關資訊。

同學們可以用這個表格去訪問其他學生、家長、鄰居、教師、公民領袖和其他社區中的成人來瞭解：

- 他們是否也認為所選出的問題很重要，以及對這個問題所抱持的立場。
- 他們是否認為這個問題應該由政府、公民社會、私人領域，或二者以上的組合來處理？為什麼？
- 他們如果同意應由政府制定公共政策解決這個問題，那麼應該是由哪一個層級的政府單位來負責處理？

　　請同學向全班提出你所找到與問題相關的資訊，說明這個問題以及它是否需要由公共政策來處理的理由。如果你認為需要由公共政策來處理，請試著向全班說明這個問題應由政府的哪個層級、哪個單位負主要責任。

　　要找出這個問題可能由政府哪個層級、哪個單位負責處理，同學可以：

- 在公共圖書館找尋相關資訊。
- 在網路上搜尋地方、州和中央政府各行政部門，搜尋內容會包含政府部門應該負責處理哪些公共政策的資訊。
- 和地方、州和中央政府部門電話聯絡，找出哪些部門可能要負責處理。

　　請同學們利用本手冊第 41-43 頁的表格 4：「出版品及／或網路資料研究表」記錄蒐集到的資訊。

● 表格 3　訪談紀錄表 ●

採訪人姓名：＿＿＿＿＿＿＿＿＿＿＿＿＿＿＿＿＿＿＿＿＿＿＿＿＿＿＿＿
在開始訪談之前，請先自我介紹並簡短說明你要研究的問題，為什麼想研究這個問題，以及要進行訪談的原因。在開始訪談前，務必確認受訪人是否願意授權公開他（她）的姓名。如果受訪人不願意，要尊重其隱私，只能指出受訪者在社區中擔任的角色。

1. 受訪者的姓名和職稱：

＿＿＿＿＿＿＿＿＿＿＿＿＿＿＿＿＿＿＿＿＿＿＿＿＿＿＿＿＿＿＿＿＿＿＿＿
＿＿＿＿＿＿＿＿＿＿＿＿＿＿＿＿＿＿＿＿＿＿＿＿＿＿＿＿＿＿＿＿＿＿＿＿

2. 受訪者在社區中的角色（例如：家長、社區志工、商家、退休人士……）：

＿＿＿＿＿＿＿＿＿＿＿＿＿＿＿＿＿＿＿＿＿＿＿＿＿＿＿＿＿＿＿＿＿＿＿＿
＿＿＿＿＿＿＿＿＿＿＿＿＿＿＿＿＿＿＿＿＿＿＿＿＿＿＿＿＿＿＿＿＿＿＿＿

3. 向受訪者說明你要研究的問題：

＿＿＿＿＿＿＿＿＿＿＿＿＿＿＿＿＿＿＿＿＿＿＿＿＿＿＿＿＿＿＿＿＿＿＿＿
＿＿＿＿＿＿＿＿＿＿＿＿＿＿＿＿＿＿＿＿＿＿＿＿＿＿＿＿＿＿＿＿＿＿＿＿
＿＿＿＿＿＿＿＿＿＿＿＿＿＿＿＿＿＿＿＿＿＿＿＿＿＿＿＿＿＿＿＿＿＿＿＿
＿＿＿＿＿＿＿＿＿＿＿＿＿＿＿＿＿＿＿＿＿＿＿＿＿＿＿＿＿＿＿＿＿＿＿＿

4. 用下列問題來進行訪談，並記錄得到的答案：
    a. 您覺得我提出的問題重要嗎？為什麼？

＿＿＿＿＿＿＿＿＿＿＿＿＿＿＿＿＿＿＿＿＿＿＿＿＿＿＿＿＿＿＿＿＿＿＿＿
＿＿＿＿＿＿＿＿＿＿＿＿＿＿＿＿＿＿＿＿＿＿＿＿＿＿＿＿＿＿＿＿＿＿＿＿
＿＿＿＿＿＿＿＿＿＿＿＿＿＿＿＿＿＿＿＿＿＿＿＿＿＿＿＿＿＿＿＿＿＿＿＿
＿＿＿＿＿＿＿＿＿＿＿＿＿＿＿＿＿＿＿＿＿＿＿＿＿＿＿＿＿＿＿＿＿＿＿＿

    b. 您認為社區中其他的人，也會認同這是個重要的問題嗎？為什麼？

＿＿＿＿＿＿＿＿＿＿＿＿＿＿＿＿＿＿＿＿＿＿＿＿＿＿＿＿＿＿＿＿＿＿＿＿
＿＿＿＿＿＿＿＿＿＿＿＿＿＿＿＿＿＿＿＿＿＿＿＿＿＿＿＿＿＿＿＿＿＿＿＿
＿＿＿＿＿＿＿＿＿＿＿＿＿＿＿＿＿＿＿＿＿＿＿＿＿＿＿＿＿＿＿＿＿＿＿＿
＿＿＿＿＿＿＿＿＿＿＿＿＿＿＿＿＿＿＿＿＿＿＿＿＿＿＿＿＿＿＿＿＿＿＿＿

    c. 您認為可能是什麼原因，造成這個問題？

＿＿＿＿＿＿＿＿＿＿＿＿＿＿＿＿＿＿＿＿＿＿＿＿＿＿＿＿＿＿＿＿＿＿＿＿
＿＿＿＿＿＿＿＿＿＿＿＿＿＿＿＿＿＿＿＿＿＿＿＿＿＿＿＿＿＿＿＿＿＿＿＿
＿＿＿＿＿＿＿＿＿＿＿＿＿＿＿＿＿＿＿＿＿＿＿＿＿＿＿＿＿＿＿＿＿＿＿＿
＿＿＿＿＿＿＿＿＿＿＿＿＿＿＿＿＿＿＿＿＿＿＿＿＿＿＿＿＿＿＿＿＿＿＿＿

d. 您認為誰該處理這個問題？

- 只有政府嗎？為什麼？

_____

_____

_____

- 政府與公民社會的協助嗎？為什麼？

_____

_____

_____

- 政府與私人領域的協助嗎？為什麼？

_____

_____

_____

- 政府與公民社會以及私人領域的協助嗎？為什麼？

_____

_____

_____

e. 已經有公共政策可以處理這個問題嗎？如果有，請說明。

_____

_____

_____

f. 如果已經有相關的處理政策，請問以下的問題：

- 這個政策的優點是：

_____

_____

_____

- 這個政策的缺點是：

_____

_____

_____

_____

▪ 可以如何改進這個政策：

_____

_____

_____

▪ 這個政策需要被替換嗎？為什麼？

_____

_____

_____

▪ 社區裡有對這項政策的不同意見嗎？如果有，請說明內容：

_____

_____

_____

g. 如果目前沒有處理這個問題的公共政策，請接著問以下的問題：

▪ 您認為需要怎樣的公共政策來處理這個問題？

_____

_____

_____

▪ 由哪個（些）政府層級、部門、機關負責或可能應該要負責處理這個問題？

_____

_____

_____

5. 請您給我一些建議，幫助我蒐集更多關於這個問題的資訊，以及人們對這個問題不同角度的看法：

_____

_____

_____

_____

_____

_____

_____

◎ 表格 4　出版品[1] 及／或網路資料研究表 ◎

社區面臨的問題

（每一份出版品或網站都要用單獨的表格）

研究者姓名：＿＿＿＿＿＿＿＿＿＿＿＿＿＿＿＿＿＿＿＿＿

1. 簡單敘述你要研究的問題：
   ＿＿＿＿＿＿＿＿＿＿＿＿＿＿＿＿＿＿＿＿＿＿＿＿＿＿＿＿＿
   ＿＿＿＿＿＿＿＿＿＿＿＿＿＿＿＿＿＿＿＿＿＿＿＿＿＿＿＿＿

2. 列出研究裡所使用的出版品名稱、作者、出版日期或網站的網址：
   ＿＿＿＿＿＿＿＿＿＿＿＿＿＿＿＿＿＿＿＿＿＿＿＿＿＿＿＿＿
   ＿＿＿＿＿＿＿＿＿＿＿＿＿＿＿＿＿＿＿＿＿＿＿＿＿＿＿＿＿

3. 在這些出版品或網站中，有哪些資訊能夠說明為什麼你選的是一個重要的問題：
   ＿＿＿＿＿＿＿＿＿＿＿＿＿＿＿＿＿＿＿＿＿＿＿＿＿＿＿＿＿
   ＿＿＿＿＿＿＿＿＿＿＿＿＿＿＿＿＿＿＿＿＿＿＿＿＿＿＿＿＿

4. 說明你所研讀的這些資訊，是否讓你能更清楚這個問題應該由：
   a. 政府單獨處理？為什麼？
   ＿＿＿＿＿＿＿＿＿＿＿＿＿＿＿＿＿＿＿＿＿＿＿＿＿＿＿＿＿
   ＿＿＿＿＿＿＿＿＿＿＿＿＿＿＿＿＿＿＿＿＿＿＿＿＿＿＿＿＿

   b. 政府處理與公民社會協助？為什麼？
   ＿＿＿＿＿＿＿＿＿＿＿＿＿＿＿＿＿＿＿＿＿＿＿＿＿＿＿＿＿
   ＿＿＿＿＿＿＿＿＿＿＿＿＿＿＿＿＿＿＿＿＿＿＿＿＿＿＿＿＿

   c. 政府處理與私人領域的協助？為什麼？
   ＿＿＿＿＿＿＿＿＿＿＿＿＿＿＿＿＿＿＿＿＿＿＿＿＿＿＿＿＿
   ＿＿＿＿＿＿＿＿＿＿＿＿＿＿＿＿＿＿＿＿＿＿＿＿＿＿＿＿＿

   d. 政府處理與公民社會以及私人領域共同協助？為什麼？
   ＿＿＿＿＿＿＿＿＿＿＿＿＿＿＿＿＿＿＿＿＿＿＿＿＿＿＿＿＿
   ＿＿＿＿＿＿＿＿＿＿＿＿＿＿＿＿＿＿＿＿＿＿＿＿＿＿＿＿＿

---

[1] 如：報章雜誌、書籍等書面資料。

回答下列與你找到的資訊相關的問題：

1. 對於這個問題，出版品或是網站抱持什麼立場？

2. 簡述這個立場的基本論點：

3. 依據出版或網站的內容，現在政府有任何處理這個問題的政策嗎？

4. 如果已有政策，請提出上述出版品或網站中與下列問題有關的資訊：

   a. 這項政策有何優點？

   b. 這項政策有何缺點？

   c. 可以如何改進這項政策？

   d. 這項政策需要被替換嗎？為什麼？

e. 社區中是否有反對這項政策的意見？

_____

_____

_____

5. 如果沒有政策，而出版品或網站中有政策的提議，請記錄與下列問題相關的資訊：
   a. 提議的政策有什麼優點？

   _____

   _____

   _____

   b. 提議的政策有什麼缺點？

   _____

   _____

   _____

   c. 對提議的政策可能會有哪些反對意見？

   _____

   _____

   _____

6. 簡述你在出版品或網站上獲得的最重要資訊：

_____

_____

_____

_____

_____

7. 這個出版品或網站有建議其他的相關資訊來源嗎？如果有，請記錄：

_____

_____

_____

_____

_____

請教師幫助全班同學，每 4-6 人分成一組，每個小組必須：

1. 討論每位組員已經在研究的問題。
2. 選出一個可以推薦給全班進行公民行動方案的主題。
3. 選出 1 位同學向全班報告自己那一組的主題，並說明如此選擇的原因。

　　這些資訊將會在步驟 4 繼續使用。

★注意
請同學保存在這個步驟及後續步驟中蒐集到的所有資訊，以準備完成公民行動方案。

步驟 2

選定班級要研究的問題

課程目標

在這個步驟中，全班同學要一起討論各組研究的問題，如果有足夠的資訊，
便可從中選定一個問題，讓同學可以進行更深入的研究。

在步驟 1 中，各小組已對社區面臨的一項問題進行調查。

請每個小組派 1 位代表向全班同學報告你們那一組所探討的問題，並分享相關資訊。

接下來，各小組要對是否應繼續深入研究這個問題向全班提出建議。

- 所有推薦的問題都必須是要以公共政策來解決的問題。
- 這些政策可能是由政府單獨制定，也可能由政府和公民社會與（或）私人領域合作處理。

全班同學要選出一項問題進行班級研討，做好決定後，全班要再重新檢視這項問題，好讓每位同學清楚瞭解後續的工作。

請利用下列各項標準協助選出要進行班級研討的問題。

請確認這個問題是：
- 應該單獨由政府處理，或是由政府和公民社會或私人領域合作解決。
- 對同學和社區很重要。
- 同學可以蒐集到足夠資訊，發展出一個好的方案來處理。
- 同學可以實際提出公共政策建議，給社區或各級政府機關來處理或解決。

課程目標

現在班上已經選定一個問題,同學們必須決定從何處蒐集更多資訊。在步驟1中,工作小組已經對這個社區問題進行初步調查,獲得一些基本的相關資訊。在步驟3中,全班同學將進行更進一步的研究,運用更多元的資訊來源,包括新聞媒體、出版品、網際網路或對這個問題有專門知識或專長的人。

為了能充分認識問題，從多元的管道蒐集資訊很重要。同學們需要比較各項資訊並使用其中最值得信賴的資訊，以便精確認識與描述問題。而在比較各種不同來源的資訊時，同學們可能會發現某些資料來源較為可信，但大多數或者全部的資料來源都能幫助大家更瞭解這個問題。

　　同學們還會發現不同的資料來源，可能會在反映不同的利益、目標和優先次序的問題上，採取不同的立場。例如，假設同學們挑選了一個環保相關問題，就會發現環保人士的立場及觀點和土地開發者或其他營利事業者非常不同。

　　以下 2 頁中列出同學們應該要探索的一些資料來源，請大家先閱讀並討論這些項目。確認你們想要利用或接觸的特定資料來源或人物。根據選定的研究問題，同學們可能會發現有些資料來源比其他的好。舉例而言，如果你們選定的問題和提供公眾服務相關，就會發現社區中的某些特定人士或團體，比其他人更清楚這個議題；然而，也可能會發覺這些項目中的某些資料來源和要研究的問題，毫不相干。

　　同學們也可以邀請某些特定人士到課堂上來，和大家就預備要研究的問題分享他們的知識。建議最好邀請對議題有特殊知識、經驗和專業之人，或找到在公民社會中的利益團體代表。你們要保留所有在步驟 3 中蒐集到的資訊，以便製作專題檔案之用。

資料來源範例

圖書館：社區圖書館裡可能會有和所要研究問題相關的報紙、雜誌、期刊、書籍和其他的出版品。

網路：同學們可以從政府機關或私人機構的網站找到和所要研究問題相關的許多有用的資訊。

報紙：通常報紙上會報導社區問題以及政府相應措施的資料。同學們也可以透過網路找到報紙上的資訊，因為很多報紙都有線上資料庫，能從中找到曾經報導過的文章或事件。

學者和教授：在當地學院或大學任教的教授可能是你們所研究的問題的專家。大部分的學院或大學網站都可以連結到該校各學院、各科系以及教職員。電話簿上也會有社區附近的學院或大學各辦公室的聯絡方式，同學們可以打電話到辦公室，尋求能夠幫助你們的學者。

律師和法官：根據同學們決定要研究的問題，法官和律師可能是最佳的資訊來源。法院和律師公會都有專屬的網站，上面列有相關資訊和聯絡方式，可以提供給一般民眾查詢參考。

利益團體和其他社區組織：社區中有很多利益團體和社區組織一開始成立的目的，就是要解決或改善社區的某些問題。其中，有些組織可能設有社區辦公室或聯絡處，同學們可以利用網路或電話簿，找到和所選定的問題相關的利益團體或其他社區團體辦公室或成員的聯絡方式。

民意代表辦公室（服務處）：地方民意代表、各州州議員和國會議員有責任分別確認地方、州和全國層級的問題，並建議或支持公共政策來處理這些問題。民意代表在社區裡應該設有辦公室或服務處，同學們可以用電話簿或網路查詢到他們的地址和電話，這些辦公室或服務處會有工作人員，負責協助民眾獲得社區、州或國家的公共問題及公共政策的相關資訊。他們也可能有辦法協助同學們取得所要研究的問題相關的簡報資料、政策陳述或特定的立法資料。

行政機關各處室：在地方、州和中央政府機關工作的人員很可能要負責處理班級所選定要研究的問題。這些機關應該能提供相關的資訊，以及說明政府現在的處理方式。舉例來說，地方政府可能設有衛生部門或建築安全部門，同學們可以透過網路或電話簿來搜尋這些單位或其他適當的政府機構。

取得和整理資料的原則

在決定有哪些資料來源後，班上同學應分成數個研究小組。每個小組負責蒐集2種以上的資料來源。例如：某個研究小組可以負責和圖書館與行政機關各處室聯絡。

★注意
同學們請參考並運用本手冊第 52-61 頁的表格，蒐集和整理記錄各項資料。

如果你是研究小組中被指定負責聯絡上述資訊來源之一的人，首先得自我介紹。通知聯絡的對象你的目的或為什麼會找他（她）。可以使用本手冊第 52 頁的表格 5 介紹自己。

同學們所要找的聯絡對象可能很忙碌，所以按照下列的建議方式取得資訊，是非常重要的，以免帶給對方太大的負擔。

1. 透過電話聯絡取得資訊

在聯繫提供資訊的對象時，班上只能指定一位同學負責打電話。因此，非常重要的是負責打電話的同學，必須詳實記錄這些從電話訪談中獲得的資訊。

2. 透過訪談取得資訊

由一位同學打電話預約訪談的時間。可以是負責聯繫的同學與對方一對一訪談，也可以由小組成員一起進行。

3. 透過寫信取得資訊

可以由一位或數位同學寫信給相關機構或人士請求提供資訊。若是寄出紙本信件，可附上回郵信封，將有助於獲得回應。

◉ 表格 5　自我介紹 ◉

我的名字是（你的姓名）＿＿＿＿＿＿＿＿＿＿＿＿＿＿＿＿＿＿＿＿＿＿＿＿＿

我是＿＿＿＿＿＿＿＿＿＿＿＿＿＿＿＿＿（學校名稱）＿＿＿＿＿＿＿＿年級的學生

我現在在修一門＿＿＿＿＿＿＿＿＿＿＿＿＿課程

這一門課程是在研究一些地方上面臨的問題、政府如何處理這些問題，以及公民可以如何參與政府。

我們現在正在研究的問題是（簡略的敘述問題）

＿＿＿＿＿＿＿＿＿＿＿＿＿＿＿＿＿＿＿＿＿＿＿＿＿＿＿＿＿＿＿＿＿＿＿＿

＿＿＿＿＿＿＿＿＿＿＿＿＿＿＿＿＿＿＿＿＿＿＿＿＿＿＿＿＿＿＿＿＿＿＿＿

＿＿＿＿＿＿＿＿＿＿＿＿＿＿＿＿＿＿＿＿＿＿＿＿＿＿＿＿＿＿＿＿＿＿＿＿

我負責的工作是尋找和這個問題有關的資訊與班上同學分享。
我可以請教您一些問題嗎？或是有其他更適合的時間，再電話聯繫您呢？

＿＿＿＿＿＿＿＿＿＿＿＿＿＿＿＿＿＿＿＿＿＿＿＿＿＿＿＿＿＿＿＿＿＿＿＿

＿＿＿＿＿＿＿＿＿＿＿＿＿＿＿＿＿＿＿＿＿＿＿＿＿＿＿＿＿＿＿＿＿＿＿＿

＿＿＿＿＿＿＿＿＿＿＿＿＿＿＿＿＿＿＿＿＿＿＿＿＿＿＿＿＿＿＿＿＿＿＿＿

是否還有其他人瞭解這個問題，我應該如何與他聯絡呢？

＿＿＿＿＿＿＿＿＿＿＿＿＿＿＿＿＿＿＿＿＿＿＿＿＿＿＿＿＿＿＿＿＿＿＿＿

＿＿＿＿＿＿＿＿＿＿＿＿＿＿＿＿＿＿＿＿＿＿＿＿＿＿＿＿＿＿＿＿＿＿＿＿

＿＿＿＿＿＿＿＿＿＿＿＿＿＿＿＿＿＿＿＿＿＿＿＿＿＿＿＿＿＿＿＿＿＿＿＿

請問您是否有關於這個問題的書面資料可以寄給我呢？（如果對方在電話中表示有資料可以寄來，請準備好學校的地址告知對方）。
請問有和這個問題相關的電子檔資料或網站嗎？

＿＿＿＿＿＿＿＿＿＿＿＿＿＿＿＿＿＿＿＿＿＿＿＿＿＿＿＿＿＿＿＿＿＿＿＿

＿＿＿＿＿＿＿＿＿＿＿＿＿＿＿＿＿＿＿＿＿＿＿＿＿＿＿＿＿＿＿＿＿＿＿＿

＿＿＿＿＿＿＿＿＿＿＿＿＿＿＿＿＿＿＿＿＿＿＿＿＿＿＿＿＿＿＿＿＿＿＿＿

我要如何取得這些資料呢？

＿＿＿＿＿＿＿＿＿＿＿＿＿＿＿＿＿＿＿＿＿＿＿＿＿＿＿＿＿＿＿＿＿＿＿＿

＿＿＿＿＿＿＿＿＿＿＿＿＿＿＿＿＿＿＿＿＿＿＿＿＿＿＿＿＿＿＿＿＿＿＿＿

＿＿＿＿＿＿＿＿＿＿＿＿＿＿＿＿＿＿＿＿＿＿＿＿＿＿＿＿＿＿＿＿＿＿＿＿

● 表格 6　書刊或電子資訊紀錄表 ●

1. 研究小組的成員姓名：
   _____
   _____

2. 日期：_____

3. 簡述進行研究的問題：
   _____
   _____
   _____

4. 註明取得出版品（刊物）的圖書館、辦公室、機構單位、組織或網站。
   _____
   _____
   _____

5. 註明下列各事項：
   ▪ 出版品（刊物）名稱：_____
   ▪ 作者：_____
   ▪ 出版日期：_____

6. 盡可能從出版品（刊物）中的訊息回答下列問題：
   a. 這個問題對社區造成哪些影響？
      _____
      _____

   b. 這個問題對社區帶來的影響有多嚴重？
      _____
      _____

   c. 在其他社區或地方也有這個問題嗎？範圍有多廣？
      _____
      _____

d. 有公共政策在處理這個問題嗎？有 □　沒有 □

如果有，請回答下列問題：

▪ 是哪一種形式的政策（法律、行政規則或命令、司法判決[2]或其他）

_____

_____

▪ 簡述這項公共政策。這項政策有牽涉政府、公民社會、私人領域或前述兩項以上的行動嗎？

_____

_____

▪ 處理這個問題的公共政策適當或不適當？請分別說明為什麼。

_____

_____

▪ 如果這項公共政策能適當的處理這個問題，那麼問題為什麼還是存在，是執行不力，或是根本沒有執行呢？請說明為什麼。

_____

_____

如果沒有，你覺得為什麼會沒有相關政策呢？

_____

_____

e. 哪些層級的政府機關應該負責處理這個問題？

_____

_____

---

2 在臺灣經由司法判決形成公共政策的案例：中華民國106年5月24日公布之「司法院釋字第748號解釋文」表示：《民法》第四編親屬第二章婚姻規定，未使相同性別二人，得為經營共同生活之目的，成立具有親密性及排他性之永久結合關係，於此範圍內，與《憲法》第22條保障人民婚姻自由及第7條保障人民平等權之意旨有違。有關機關應於本解釋公布之日起2年內，依本解釋意旨完成相關法律之修正或制定。至於以何種形式達成婚姻自由之平等保護，屬立法形成之範圍。逾期未完成相關法律之修正或制定者，相同性別二人為成立上開永久結合關係，得依上開婚姻章規定，持二人以上證人簽名之書面，向戶政機關辦理結婚登記。此號解釋要求立法機關必須進行相關法律之修正或制定，促成立法院於108年5月17日三讀通過《司法院釋字第七四八號解釋施行法》，並於同年5月24日生效。此次釋憲結果讓臺灣成為亞洲第一個以法律保障同性婚姻的國家，此為司法判決形成公共政策的例子之一。

f. 政府目前針對這個問題，做了些什麼呢？

_____

_____

g. 社區中對這項公共政策或政府目前的做法，有何不同意見？

_____

_____

h. 哪些重要的個人、團體或組織對這個問題表示意見？

_____

_____

▪ 他們在這個問題上的利害關係為何？

_____

_____

_____

▪ 他們的立場為何？

_____

_____

_____

▪ 採取這樣的立場有什麼效益和成本？

_____

_____

_____

▪ 針對這個問題，他們如何影響政府採納他們的立場？

_____

_____

_____

7. 如果班上要制定一項公共政策來處理這個問題，同學們要如何影響政府採納你們的政策？

_____

_____

_____

_____

_____

● 表格 7　書信或訪談資訊紀錄表 ●

1. 小組成員的姓名：

   _____

   _____

2. 日期：_____

3. 簡述進行研究的問題：

   _____

   _____

4. 資料來源
   - 姓名：_____
   - 職稱和機關：_____
   - 地址：_____
   - 電話：_____

5. 在自我介紹和任務說明之後，簡單描述你們正在研究的問題，接著詢問下列事項：

   a. 您認為這個問題在社區裡有多嚴重？

   _____

   _____

   _____

   b. 這個問題在社區中影響層面有多廣？

   _____

   _____

   _____

   c. 會發生這個問題的可能原因為何？

   _____

   _____

   _____

   d. 目前有處理這項問題的公共政策嗎？有 ☐　沒有 ☐

   _____

   _____

   _____

6. 如果已經有處理這個問題的公共政策，請回答下列問題：
   a. 這項公共政策是採取哪種規範形式（法律、行政規則、命令、司法判決（同註2）或其他）？

   _____
   _____
   _____

   b. 請描述這項公共政策：

   _____
   _____
   _____

   c. 處理這個問題的公共政策適當或不適當？請簡述理由。

   _____
   _____
   _____

   d. 如果這項公共政策能適當的處理這個問題，那麼問題為什麼還是存在，是執行不力，或是根本沒有執行呢？請說明為什麼。

   _____
   _____
   _____

   e. 如果目前沒有相關公共政策，你認為為什麼現在沒有政策來處理這個問題呢？

   _____
   _____

7. 您認為這個問題該由政府處理嗎？為什麼？

   _____
   _____
   _____

8. 哪個層級的政府機關應該負責處理這個問題呢？

   _____
   _____

9. 目前政府有做哪些事情來處理這個問題？

   _____
   _____
   _____

10. 在處理這個問題上，政府機關應該要尋求公民社會、私人領域的協助嗎？為什麼？

_____

_____

_____

11. 這個社區中有哪些對這個問題的不同意見？

_____

_____

_____

12. 有哪些重要的人、團體或組織對這個問題表達意見？

_____

_____

    a. 為什麼他們對這個問題有興趣？

    _____

    _____

    _____

    b. 他們的立場為何？

    _____

    _____

    _____

    c. 他們的立場有什麼優點？有什麼缺點？

    _____

    _____

    _____

    d. 他們如何影響政府採用他們的解決方案？

    _____

    _____

    _____

13. 如果我們班級或小組要制定出一項公共政策來處理這個問題，要怎麼影響政府採用我們的政策，有何建議？

_____

_____

_____

● 表格 8　網路上的資訊整理紀錄表 ●

1. 研究小組成員姓名：
   _____
   _____

2. 簡述進行研究的問題：
   _____
   _____

3. 註明取得資訊的網站
   ▪ 網站名稱與其贊助機構：_____
   ▪ 網站的 URL 位址：_____
   ▪ 網站資訊的作者（如有具名）：_____
   ▪ 這項網路資訊的發布日期：_____

4. 請用網站上的資訊回答下列問題：
   a. 這個問題影響了哪些社區（學校、鄰里、市鎮、縣或遍及全國）？
      _____
      _____
      _____

   b. 這個問題在社區裡有多嚴重？
      _____
      _____
      _____

   c. 導致這個問題的可能原因為何？
      _____
      _____
      _____

   d. 目前有處理這個問題的公共政策嗎？有 ☐　沒有 ☐
      如果有，請回答下列問題：
      ▪ 是哪一種形式的政策（法律、行政規則、命令、司法判決或其他）？
        _____
        _____
        _____

◦ 簡單敘述這項公共政策：

_____

_____

_____

_____

◦ 處理這個問題的公共政策適當或不適當？請說明為什麼。

_____

_____

_____

_____

◦ 請說明為什麼。如果這項公共政策能適當的處理這個問題，那麼問題為什麼還是存在，
是執行不力，或是根本沒有執行呢？請說明為什麼。

_____

_____

_____

_____

e. 如果沒有，你認為是什麼原因以致於目前都沒有公共政策處理這個問題？

_____

_____

_____

_____

f. 哪個層級的政府機關應該負責處理這個問題？

_____

_____

_____

_____

g. 目前政府有做哪些事情來處理這個問題？

_____

_____

_____

_____

_____

_____

h. 社區中對這項公共政策或政府目前的做法，有何不同意見？

_____
_____
_____
_____
_____

i. 哪些重要的個人、團體或組織對這個問題表示意見？

_____
_____
_____
_____
_____

‧ 他們在這個問題上的利害關係為何？

_____
_____
_____
_____

‧ 他們的立場為何？

_____
_____
_____
_____

‧ 採取這樣的立場有什麼優點和缺點？

_____
_____
_____
_____

‧ 針對這個問題，他們如何影響政府採納他們的立場？

_____
_____
_____
_____

 分析獲得的資訊

 製作資料檔案和報告

全班同學應該一起使用記錄在表格6：「書刊或電子資訊紀錄表」、表格7：「書信或訪談資訊紀錄表」和表格8：「網路上的資訊整理紀錄表」中的各項資料來完成後續的表格9。同學們只能選擇和問題有關的訊息，並考量這些資訊是否完整可信。

為了替步驟4做準備，全班同學應該一起記錄這些回應。在步驟4，班上將分成4個工作小組，每一組分別負責一項下列任務。

1. 說明問題

彙整表格9中對問題的描述、問題的重要性、問題解決的必要性等內容。

2. 評估得以解決問題的可行政策及其優缺點

彙整表格9中各項可行的替代政策，並討論每一項政策的優缺點。

3. 提出公共政策議案

首先，複習第2章「公共政策」一詞的定義，然後草擬一項能解決問題的公共政策，說明其優缺點，同時建議應該由哪個層級的政府機關負責執行這項政策。

4. 擬定行動計畫，列出能獲得政府採納你們提案的步驟

參考表格9中記錄的其他人曾經採取哪些步驟，促使政府執行他們的政策。然後，想一想同學們可以做些什麼。

◉ 表格9　分析問題的相關資訊 ◉

1. 日期：_____

2. 列出表格 6、7 及 8 中的各項資訊來源：
   _____

3. 使用表格 6、7 及 8 中的各項資訊完成下列任務：
   a. 簡單明瞭的敘述問題：
   _____

   b. 回答下列問題，說明問題的重要性和問題解決的必要性：
   ▪ 問題有多嚴重？
   _____

   ▪ 問題牽涉範圍有多大？
   _____
   _____

   ▪ 問題的解決需求有多急迫？
   _____
   _____

   c. 現在有處理這個問題的公共政策嗎？有 □　沒有 □
   如果有，請回答下列問題：
   ▪ 這個政策是法律、規則、行政命令還是其他形式？
   _____

   ▪ 公共政策內容為何？
   _____
   _____

   ▪ 這個公共政策可以適切的解決問題嗎？請說明為什麼。
   _____
   _____

   ▪ 公共政策是適當的，但沒確實執行？請說明為什麼。
   _____
   _____

‧ 如果沒有政策存在，你認為理由是什麼？

_____

_____

d. 哪個層級的政府機關應該要負責處理這個問題？

_____

_____

e. 目前政府有做哪些事情來處理這個問題？

_____

_____

f. 在處理這個問題上，政府機關應該要尋求公民社會、私人領域的協助嗎？為什麼？

_____

_____

g. 有哪些人、團體或組織對這個問題表達意見？

_____

_____

‧ 他們在這個問題上的利益為何？

_____

_____

‧ 他們建議的解決方案為何？

_____

_____

‧ 他們的解決方案有什麼優點？有什麼缺點？

_____

_____

‧ 他們如何影響政府採用他們的解決方案？

_____

_____

h. 如果班級制定出一項處理問題的政策，你們要怎麼影響政府採納這項政策呢？

_____

_____

課程目標

現在班上已經完成步驟3，同學們要準備開始製作專題檔案了。這個檔案必須包含2個基本要件：一組展示板和一個文件資料夾。這2個要件都包含4個部分，每個部分分別對應著同學們在步驟3所完成的4項任務。班上同學將會分成4個小組，分別負責完成專題檔案其中的一部分任務。

4 個小組的任務如下：

任務分組 1
說明問題

　　這個小組要負責詳細說明班上選出來想研究的問題，說明中必須陳述為什麼這個問題很重要，以及哪一個層級的政府機關或專責單位應該處理這個問題。

任務分組 2
評估得以解決問題的各項可行的政策

　　這個小組要負責解說現有的（或）建議其他可以解決這個問題的政策。

任務分組 3
擬定班級支持的公共政策提案

　　這個小組要負責擬定和說明班級同意的一項公共政策提案。同時，還必須說明所提出的公共政策議案能符合憲法所規定政府存在的目的，而且不會逾越政府的權力界限。

任務分組 4
擬定行動計畫，讓政府採納班級提出的政策

　　這組的任務是要擬定出一個行動計畫，說明同學們可以如何影響政府來採納你們提出的政策議案。

　　除了執行上述的任務外，4 個小組成員應互相交流，以利於在製作和呈現班級專題檔案時，能條理分明，連貫一致。

專題檔案的格式   **專題檔案的評估標準**

4 片展示板

　　4 個任務分組的工作成果，應該分別呈現在 4 片展示板上。成果展示板是由 4 張全開大小的海報板、珍珠板或其他類似的看板組成。4 片展示板必須能並排放在桌上、貼在公告欄上，或是擺在海報架上。展示內容應包括書面的敘述、資料來源索引、表格、圖形、相片和同學們原創的美術作品等（請參閱第84頁的圖示）。

文件資料夾

　　每個小組要從所蒐集到的資訊中，選出最能說明及代表各組工作成果的文件資料，放置在三環活頁夾中，並用分隔卡區隔出各組的資料，同時要列出整份文件資料夾和各部分的目錄。

　　以下是專題檔案評量項目檢查表，可以幫助同學做出好的專題檔案。請同學依據這個檢查表所列的項目來製作檔案，除了檢查表中列出的項目外，同學們還要考量檔案製作的整體效果，並且透過精心設計以展現出創造力和原創性。

　　如果班上有機會在發表會中展示這份專題檔案，或是和其他班級進行成果競賽，評審也會運用這個評量項目檢查表為同學們的專題檔案打分數。他們會分別就每個部分進行評分，並對整份專題檔案做整體評價。

成果展示的替代方式

　　製作一個 4 片展示板和文件資料夾，是呈現公民行動方案成果一種方法。同學們也可以考慮下列幾種報告工作成果的方式：

- 製作電腦簡報

運用電腦簡報軟體，來準備和製作呈現同學的資料檔案，像是 HyperStudio 和 PowerPoint 都是很常用的應用軟體。

- 建立一個網站
- 製作一個網路資料檔案

網站的首頁，應提供和專題檔案中四大部分裡的書面資料或圖像資料的連結；還要有研究中使用的特定資訊來源和相關網站的連結。展示的內容，如果是有著作權的資料時，務必要取得書面使用許可。

- 錄製影片★

還可以用影片來呈現這份資料檔案，同時要準備旁白配音、對話劇本和相關的圖像資料。請務必記得，應取得所拍攝地點或對象的書面許可與同意，如果影片的內容有涉及未成年人，必須取得其家長或監護人的書面授權或許可。

> ★注意
> 製作的影片不能短於 30 分鐘或超過 60 分鐘。影片中必須載明標題、工作與演出人員、標註資訊來源以及資料的著作權授權使用的聲明，同時應注意《兒童及少年福利與權益保障法》第 69 條。

專題檔案評分項目

　　請使用下列各項目來評量班級製作的專題檔案。

第 1 部分　說明問題

這份專題檔案是否：

- 敘述並說明問題和緣由，並證明這個問題確實存在？
- 展現對這個問題所涉及議題的瞭解程度？
- 清楚說明現有的公共政策或政策提案
- 解釋社區中對這個問題可能存在的反對意見？
- 說明政府為什麼應該解決這個問題？
- 呈現在成果展示板和文件資料夾中的資訊，彼此相關並能互相佐證？

第 2 部分　分析各項可行政策

這份專題檔案是否：

- 提出 2-3 個處理這個問題的可行政策？
- 說明每一項可行政策的利弊得失？

- 確認每一項可行政策可能產生的爭議和衝突？
- 呈現在成果展示板和文件資料夾中的資訊，彼此相關並能互相佐證？

第 3 部分　擬定公共政策和具備說服力

這份專題檔案是否：

- 清楚敘述一項處理這個問題的公共政策，並確認哪一個政府部門或機關應該負責執行提議的公共政策？
- 有充分的理由和證據支持這項公共政策提議？
- 清楚說明這項提議的優點和缺點？
- 說明並提出論證，為什麼提議的政策符合美國憲法中規定政府存在的目的，而且也沒有違反憲法對政府的限制？
- 呈現在成果展示板和文件資料夾中的資訊，彼此相關並能互相佐證？

第 4 部分　行動計畫的執行

這個任務小組是否：

- 確定需要去影響的個人或團體（包括支持者與反對者）？
- 確定需要去影響的政府官員（包括支持者與反對者）？
- 概述並說明如何讓提議的公共政策制定為法律的行動程序？
- 提議的行動是建構在前面 3 個任務分組的成果展示或工作成果？
- 呈現在成果展示板和文件資料夾中的資訊，彼此相關並能互相佐證？

整份專題檔案

完成的專題檔案是否：

- 從一個版面（任務分組的工作）到另一個版面之間，具有清晰、說服力的順序結構？
- 運用並清楚記錄對各項資料來源所做的研究，並適當註記這些資料來源？
- 運用具水準的寫作和口頭報告技巧，像是速度、規劃、清晰、態度，以及目光接觸？
- 運用合宜相關的圖像和書面資訊？
- 能吸引人們的注意力？
- 有能清楚展現或反應同學們的學習成果的證據？

以下是對每個任務分組，如何完成所負責部分的專題檔案的個別指示。雖然各組的任務不同，還是需要互相溝通分享資訊和想法。各小組一開始要先檢視並運用全班一起蒐集到的資訊，來完成步驟 3 裡的表格 9。但是，各組的工作內容並不限於表格 9 裡的項目，而是用來幫助各組著手進行的資源，各小組還要進行更多研究才能完成任務。

當各組分頭進行時，必須時時互相聯繫保持合作，才能讓班級專題檔案的內容一致、完整。所以，應安排固定的時間交換資訊。

在各組決定在成果展示板和文件資料夾中要採納哪些特定資訊時，也需要大家一起合作，才不會在報告時出現重複的資訊，也能確保其內容是使用了最好的資訊。

說明問題

這個小組要負責說明問題，即專題檔案中成果展示板與文件資料的第 1 部分。

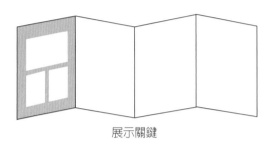

展示關鍵

這部分應包括下列各項目：

1. 書面問題摘要

檢視研究小組蒐集到的各項資料，以不超過 2 頁的文字篇幅（2 倍行距）來說明問題，簡述同學們對下列各問題的回應：

- 這個問題在你的社區裡有多嚴重？
- 這個問題在你的學校、城市、州或全國有多廣泛？
- 為什麼這個問題應該由政府出面處理？社區中是否有人也應該負責解決這個問題？為什麼？
- 你認為以下哪些事項是事實？請說明。
  - ▲現在並沒有處理這個問題的公共政策。
  - ▲目前處理這個問題的公共政策不適當。
  - ▲目前處理這個問題的公共政策雖無不當，但是卻沒有好好的執行。

- 在你的社區中對於這個問題或是目前處理這個問題的方式,是否有不同的意見?如果有,是什麼樣的意見?
- 有沒有哪些個人、團體或機構和這個問題的利益相關?
- 他們有哪些利益?
- 他們採取什麼立場?
- 他們的立場有哪些優點?哪些缺點?
- 他們如何影響政府採納他們的觀點?
- 如果是政府的責任,哪一個層級的政府機關或部門應該負責處理這個問題?現在有哪些做法呢?

2. 用圖表呈現問題

這個部分包括:圖像、繪畫、照片、政治漫畫、新聞標題、統計圖表或其他方式的說明。這些說明可能來自書面資料,也可以是同學們的原創作品。每個圖像都要在適當的地方有文字說明或標題,並註明出處。

3. 註明資料來源

製作一份索引,註明所有資料來源。

不論班上選擇用哪一種形式來呈現工作成果,同學們製作的文件資料夾裡,內容必須包括:班級或小組蒐集到用來檢視或說明這個問題最好或最重要的資訊。

舉例而言,可以包括篩選出的:
- 報紙或雜誌的剪報。
- 和社區人士訪談的書面紀錄。
- 電子媒體對這個問題所做的報導書面紀錄。
- 與公共或私人利益團體的對話內容。
- 政府出版品的摘要。

篇幅長的文件或報告可以影印其封面、標題頁、目錄和1頁左右的內容摘要,放在活頁夾中。可直接引用刊物中的摘要,也可以由同學們自行歸納製作。記住,一定要準備這部分的目錄。

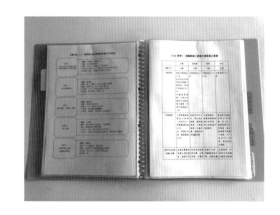

評估得以解決問題的各項可行的政策

這一組要清楚說明並評估可以解決這個問題的現有政策或其他可行的方案，其成果並應呈現在展示板及文件資料夾的第2部分。

展示關鍵

這個部分必須包含下列各項目：

1. 所有可以處理問題的政策的書面摘要

確認 2-3 個能處理這個問題的政策方案，可以包括現行的政策或是其他由社區中的個人或團體提議的政策。對所提出的公共政策，以不超過1頁文字（2倍行距）的篇幅來說明其內容摘要，並簡述對下列問題的回答：

- 現行的公共政策是什麼？或是個人或團體提議了什麼公共政策？
- 這項政策有何優點？有何缺點？

2. 政策的圖表說明

可包含圖表、曲線圖、照片、圖畫、政治漫畫、新聞標題、統計圖表和其他與政策相關的插圖。插圖可以引用自報章雜誌，也可以由同學們自行創作。每幅插圖都要有說明文字或標題。

3. 註明資料來源

製作一份索引，註明所有資料來源。

不論班上選擇用哪一種形式來呈現工作成果，同學們製作的文件資料夾裡，內容必須包括：班級或小組蒐集到用來檢視或說明這個問題最好或最重要的資訊。

舉例而言，可以包括：
- 報紙或雜誌的剪報。
- 和社區人士訪談的書面紀錄。
- 電子媒體對這個問題所做的報導的書面紀錄。
- 與公共或私人利益團體的對話內容。
- 政府出版品的摘要。

篇幅長的文件或報告可以影印其封面、標題頁、目錄和 1 頁左右的內容摘要，放在活頁夾中。內容摘要可自刊物中節錄，也可以由同學們自行歸納製作。記住，一定要準備這個部分的目錄。

制定班級支持的公共政策提案

這個小組要負責提出可以處理這個問題的公共政策，這個政策必須經由全班或小組中多數同學同意，並且不能違反《憲法》。本手冊第 79-80 頁的「憲法意見表」，可以幫助同學們確認提議的政策沒有違反《憲法》。一旦確定政策，全班或小組可以選擇是否要：

- 支持 1 項任務分組 2 所提出的可行政策。
- 修改其中 1 項政策。
- 結合數個政策。
- 自行擬定公共政策。

展示關鍵

這個部分必須包括下列各項目：

1. 公共政策提案的書面說明及理由

同學們必須說明班上或小組提議的公共政策，以及支持的理由。篇幅不超過 2 頁的文字（2 倍行距）。

- 說明班上或小組提議的政策是這個問題的最佳解決方案。
- 說明提議的這項政策的優點、缺點。
- 用本手冊第 79-80 頁的「憲法意見表」做記錄，寫下說明提議的這項公共政策如何或為什麼符合憲法[3] 裡規定政府成立的目的，而且也不會讓政府做任何違反法律的事情。
- 列出應該要負責執行提議的這項政策的政府層級和機關。
- 說明提議的政策是否需要公民社會或私人領域的協助？為什麼？

---

[3]　美國憲法前言中特別指明政府成立的目的。

2. 政策的圖表說明

可包含圖表、曲線圖、照片、圖畫、政治漫畫、新聞標題、統計圖表和其他與政策相關的插圖。插圖可以引用自報章雜誌，也可以由同學們自行創作。每幅插圖都要有說明文字或標題。

3. 註明資料來源

列出所有使用資料來源的索引。

不論班上選擇用哪一種形式來呈現工作成果，同學們製作的文件資料夾裡，內容必須包括：班級或小組蒐集到用來檢視或說明這個問題最好或最重要的資訊。

舉例而言，可以包括：

* 報紙或雜誌的剪報。
* 和社區人士訪談的書面紀錄。
* 廣播、電視對這個問題所做的報導的書面紀錄。
* 與公私利益團體的對話內容。
* 政府出版品的摘要。

篇幅長的文件或報告可以影印其封面、標題頁、目錄和 1 頁左右的內容摘要，放在活頁夾中。內容摘要可自刊物中節錄，也可由同學們自行歸納製作。記住，一定要準備這個部分的目錄。

● 表格 10　憲法意見表製作說明 ●

如果我們想要建議政府採納提議的公共政策來處理問題，我們的建議必須：
- 符合美國憲法規定政府成立的一項或數項目的。
- 不能要求政府去做美國憲法禁止的事項。

「憲法意見表」中包括美國憲法規定政府最重要的一些功能，也包括對政府的重要限制。請同學們使用這個表格來檢視你們的公共政策提案，確保制定的政策符合政府的目的，也不會違反為了保護個人權利而對政府所加的限制。

「憲法意見表」要放在展示板的第3個版面，以及文件資料夾的第3部分。同學們要用這個表格為這2個部分製作摘要，摘要的敘述必須能支持同學們的立場，也就是提議的公共政策可以符合政府的功能和目的，也不會侵害美國憲法所保護的各項權利。

政府的目的

請同學們說明所提議的政策，如何能符合下列各項在獨立宣言與憲法前言中宣誓的政府成立的目的：
- 捍衛每個人與生俱來的各項權利，像生命、自由、財產和追求幸福的權利。
- 建立公平的司法制度。
- 保障個人安全與公共秩序。
- 保護人民不受境內或外來的傷害。
- 保障共同福祉（或共同利益）。

限制政府以保護個人的權利

以下是美國憲法和人權法案定義要保障的各項基本人權和對政府的限制。如果同學們的公共政策提案，有可能會違反或妨礙其中的一項或數項權利，請說明為什麼這個提案合理、公平且不違反憲法的規定。
- 宗教自由（the right to freedom of religion）：政府不能制定任何法律，不合理、不公平的限制個人宗教行為。
- 表意自由（the right to freedom of expression）：政府不能制定任何法律，不合理、不公平的限制個人表達意見的權利，例如像演說、著作或其他方式。
- 正當法律程序（the right to due process of law）：政府不能未經司法或行政機關進行公平的聽證程序，就逕行剝奪人民的生命、自由或財產。

- 隱私權（the right to privacy）：隱私權就是一個人不受干擾的權利[4]，除非有正當理由，政府不能侵犯人民的住家，或是介入干涉人民的私人事務。
- 平等權（the right to equality of opportunity）：政府不得因為種族、宗教、年齡、族群（ethnic group）或性別，而以不合理或是不公平的方式歧視個人。

以上的內容，在我國《憲法》中，也都有相類似的規定，因此同學們可直接參考使用，或參考表格11來完成你們的憲法意見表。

4　可參照本基金會《民主基礎》系列叢書《隱私》。在美國最高法院判決中，有法官把隱私定義成「一個人獨處的權利」，這個定義其實相當模糊，或許先瞭解什麼情況下有隱私，而什麼情況下沒有隱私，反而比較容易。隱私有三種基本形式：

1. 觀察上的隱私：如果一個人或一個人以上，不必遭受別人的觀察，就保有觀察上的隱私。舉例而言，有個人決定一個人獨處，沒人看得見或聽得見他在做什麼，就屬於這種情況。

2. 資訊上的隱私：如果一個人或一個人以上，不讓別人擁有他們所有的資訊，就保有資訊上的隱私。舉例而言，一個人保留有關自己的資訊，不告訴別人，就屬於這種情況，這類資訊可能是這個人的年齡、信用評等，也可能是別人和他分享的某個秘密，或是病患與醫師間、甚至夫妻間的關係。

3. 行為上的隱私：如果一個人或一個人以上，可以自由地表現出各種行為，不受他人的干擾，就屬於這種情況。舉例而言，兩個人離開群體，到旁邊進行一段不希望別人聽見的對話，像這樣想法相近的人聚集在一起談論事情，這就是擁有行為上的隱私。

● 表格 11 憲法意見表 ●

1. 我們提議的政策能達成下列的政府目標：
   ☐保障個人權利　　　　　☐保護人民免受傷害
   ☐建立公平的司法制度　　☐增進公共福祉
   ☐保障社會安全和公共秩序
   說明：

   _____
   _____
   _____
   _____
   _____
   _____
   _____
   _____
   _____
   _____
   _____
   _____

2. 我們提議的政策尊重下列個人權利：
   ☐宗教自由　　　　　　　☐隱私權
   ☐表意自由　　　　　　　☐平等權
   ☐正當法律程序
   說明：

   _____
   _____
   _____
   _____
   _____
   _____
   _____
   _____
   _____
   _____
   _____

3. 政府不能妨礙人民自由信仰，我們提議的政策（會／不會）違反這項對政府權力的限制，因為：

_____

_____

_____

4. 政府不能不合理或不公平的限制人民表達意見，包括演說、著作或其他方式。我們提議的公共政策（會／不會）違反這項對政府權力的限制，因為：

_____

_____

_____

5. 政府不能未經公正的司法或其他行政機關的聽證程序，便逕行剝奪人民的生命、自由或財產。我們提議的公共政策（會／不會）違反這項對政府權力的限制，因為：

_____

_____

_____

6. 政府不能沒有正當理由便侵犯個人與其住家的隱私權。我們提議的公共政策（會／不會）違反這項對政府權力的限制，因為：

_____

_____

_____

7. 政府不能制定會對不同的種族、宗教、年齡、族群或性別產生不合理、不公平歧視的法律。我們提議的公共政策（會／不會）違反這項對政府權力的限制，因為：

_____

_____

_____

摘要
請用簡要的敘述，說明同學們確信提議的公共政策不會違反憲法的規定，或妨礙這些權利。

_____

_____

_____

_____

擬定行動計畫

　　這個小組要負責擬定一個行動計畫，讓政府願意採納並執行班級提議的公共政策。這個計畫必須包含所有可能需要的步驟，小組必須在成果展示板和文件資料夾中說明這項計畫。

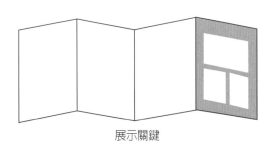

展示關鍵

　　這個部分必須包括下列各項目：

1. 一份書面說明，你們的班級如何爭取在社區的個人或團體，支持你們提出的公共政策

　　請用 1 頁篇幅的文字（2 倍行距），寫下班級公共政策和行動計畫的要點，而這項行動計畫必須確保班級公共政策可被採行。請注意：

- 確認社區中有影響力且可能會願意支持班級公共政策提案的個人或團體，並簡單敘述如何得到他們的支持。
- 確認社區中可能會反對班上提議的這項公共政策的團體，並簡述如何說服他們。

2. 一份書面說明，如何讓政府接受你們公共政策提案的行動計畫

請用 1 頁篇幅的文字（2 倍行距），簡述行動計畫的重點。請務必：

- 確認可能會支持班上提議的公共政策的政府官員或政府單位，並簡述準備怎麼做以獲得他們的支持。
- 確認可能會反對班上提議的公共政策的官員，並簡述準備如何說服他們支持這項公共政策提案。

3. 行動計畫的圖表說明

可包含圖表、曲線圖、照片、圖畫、政治漫畫、新聞標題、統計圖表和其他與政策相關的插圖。插圖可以引用自報章雜誌，也可以由同學們自行創作。每幅插圖都要有說明文字或標題，並註明來源。

4. 標註資料來源

請列出班級用來蒐集資料的參考書目。

不論班上選擇用哪一種形式來呈現工作成果，同學們製作的文件資料夾裡，內容必須包括：班級或小組蒐集到用來檢視或說明這個問題最好或最重要的資訊。

舉例而言，可以包括下列紀錄：

- 有力人士或團體的部分陳述。
- 有力的政府機關或官員的說帖。
- 報紙或雜誌的剪報。
- 和社區人士訪談的紀錄。
- 廣播或電視對這個問題的報導的書面紀錄。
- 和公共或私人團體的交談紀錄。
- 政府出版品的摘要。

篇幅長的文件或報告可以影印其封面、標題頁、目錄和 1 頁左右的內容摘要，放在活頁夾中。內容摘要可自刊物中節錄，也可由同學們自行歸納製作。

步驟 5

在模擬公聽會報告專題檔案

課程目標

完成專題檔案後，同學們應準備在模擬公聽會中提出專題報告。模擬公聽會的進行方式與立法機關或行政機關舉行公開會議時，報告人或專家證人陳述意見的方式相類似。

教師必須安排班上同學在由學校或社區人士組成的評審小組面前報告。評審小組的成員應根據同學們製作檔案所採取的相同標準，來評價同學在模擬公聽會中的報告。這項活動能讓同學學習如何表達重要的想法，並說服對方接受自己立場的寶貴經驗。

模擬公聽會的目標　 口頭報告

班級報告有下列 4 項基本目標：
- 說明同學們研究問題的重要性。
- 說明和評估所有設計來解決這個問題的公共政策的利弊得失。
- 說明為什麼班上提議的公共政策是處理這個問題的最佳方案，提出它應該被採納和執行的充分理由。同學們應說明提議的公共政策並未違反憲法。
- 說明同學們所提出的行動計畫是如何讓政府官員採納和執行你們的公共政策。

這 4 項目標分別對應 4 個小組的 4 項任務。在進行報告時，每一組應用下列的指導原則來達成以上的各項目標。

每個小組都有機會在由學校或社區人士組成的評審小組前，按照順序報告該組的成果。各組報告的前 4 分鐘是一段預先準備的口頭報告，由各組的同學們口述該組檔案中最重要的資訊。

這段口頭報告應以成果展示板和文件資料夾裡的研究內容為依據，但是不應看檔案裡的文字照本宣科。每位同學都要參與報告，負責報告的同學或許需要參考筆記或文字稿。

負責報告的同學或許也需要引用圖表或專題檔案中的其他資料，以協助說明或強調某個論點。但在口頭報告時，只能引用成果展示板和文件資料夾裡的資訊或資料。

　　每一組報告完畢後有 6 分鐘的提問時間。由評審小組就各組呈現在專題檔案裡的研究內容和口頭報告的內容提出詢問。

　　評審小組可能會要求同學們：
- 進一步說明或澄清所提出的論點。
- 就特定的論點舉例說明。
- 為自己的敘述或採取的立場辯護。
- 說明是如何選擇立場或是如何得到結論。

　　在進行模擬公聽會之前，全班同學做好準備工作是很重要的。完善的準備需要：
- 每個小組應先練習口頭報告。可以在全班或其他班級的同學面前，或在學校老師或家長組成的評審小組面前預演。
- 親自參加或經由轉播觀摩幾場公開會議或是立法部門所舉辦的公聽會，以瞭解其運作方式。
- 請家長或其他曾有公開報告經驗的社區人士來指導各個小組，這些與地方政府、公民組織和社區組織相關的人士，應該對同學很有幫助。

E 報告指導原則

F 評審標準／評分準則

能參與口頭報告與後續提問的組員越多越好,盡量不要只由 1、2 位同學報告或回答問題,而是要能呈現出在準備專題檔案過程的合作學習樣貌。

不要對著評審小組逐字唸出專題檔案的內容,而應選擇最重要的資訊和論證,並以口語的方式來表達。

在口頭報告時,同學們可以運用筆記或是文字稿,但這些文稿不能在後續提問的時候使用。

如果同學們的口頭報告不到 4 分鐘,多出來的時間會被加在後續的提問時間,每組在評審小組前都會有完整的 10 分鐘時間進行報告。

教師可以安排評審小組對同學的口頭報告和專題檔案評分,並提出書面的評語,教師應向評審小組說明評審標準。評審的項目將和同學們在發展專題檔案時自我評估的項目相同(請參考本手冊第 68-69 頁的專題檔案評分項目)。

向能夠決定政策的政府官員表達想法

　　在經過模擬公聽會向觀衆報告專題檔案與研究內容後，你們或許會希望能夠在可以決定相關政策的政府官員面前說明你們提議的公共政策內容。你們的老師或其他曾經協助這個專題進行的成人或許會願意幫忙安排非公開聽證會（private hearing），或是將之排入公聽會的議程，這樣同學們就有機會行使身爲公民的權利；同時，也藉由積極參與社區政府的運作，學習如何負起公民的責任。

課程目標

乍看之下，公民行動方案都是與程序或過程有關，幾乎沒有實質內容的收穫。但是到了這個階段，同學們應該知道，許多關於公民行動方案的「內容」是隱含在完成行動方案的各項任務經驗之中。如果同學們再回顧整個過程，內容上的收穫將更加明顯。透過這樣的做法，同學們應該能夠清楚瞭解，舉例而言，大家已經練習運用了民主社會中的多項公民權利，履行多項公民的責任，當然也會期待政府官員能按照民主原則來行動，瞭解公民社會的重要性，以及認識地方或中央的政府機關的各種角色和責任。在這個步驟要請同學們回顧並記錄這一次的學習經驗，做成報告放在檔案資料夾的第 5 部分。

全班同學分成 4 個小組，每組應討論並回答下列問題中的 2 個問題。例如：第 1 組負責第 1、2 題，第 2 組負責第 3、4 題等，但是每組都要回答第 9 題。小組完成工作後，和全班同學分享和討論，並將 4 組的答案記錄蒐集成爲檔案資料夾的第 5 部分。

1. 你們提出的公共政策是爲了達到哪些政府的目的而設計的？

2. 在進行這項公民行動方案的任務時，你們實踐了哪些民主國家的公民權利和責任？例如，你們在執行下列任務時，會牽涉到哪些權利與責任：

- 確認社區裡的公共政策問題。
- 與班上同學、家人或其他成人討論這些問題。
- 透過達成共識或投票來決定要研究哪個問題。
- 從各種不同的來源蒐集與問題相關的資訊。
- 評估可以解決問題的各種方式。
- 提出一項解決問題的方案。
- 按照憲法原則檢查這項解決方案。
- 擬定行動計畫，讓政府願意考量你們提出的問題解決方案。
- 在由成人組成的評審小組面前，報告專題檔案。

3. 你們提出的公共政策是否有助於民主國家的政府達成下列目的：
- 保護個人的生命、自由和財產。
- 促進公共利益。
- 促進社會正義、公平，包括人人機會均等。
- 提供安全保障。

4. 關於政府是如何組成的，不同的政府機關有哪些責任，你們學到了什麼？例如，哪一個層級的地方或中央政府機關應負責下列事項：
   - 制定法律。
   - 公布、施行法律。
   - 以國家強制力執法。
   - 解決適用法律時產生的爭議。
   - 確保公民能知道政府在做什麼。
   - 確保政府官員在蒐集資訊和作成決定時都按照公平的程序（正當法律程序）。

5. 在進行公民行動方案的各項任務中，你們學到民主國家的政府官員應負起哪些責任？例如，當詢問政府官員下列事項時，會涉及哪些責任？
   - 和選定問題有關的資訊。
   - 在政府體制中，誰該負責處理這個問題。
   - 他們有哪些責任。
   - 傾聽你們關於這個問題的意見。
   - 接受你們提出的公共政策問題解決方案。

6. 在蒐集和選定問題有關的資訊時，你們可能發現也有民主社會中的組織或團體對這個問題感興趣。

- 這些組織或團體有什麼目的和利益？
- 這些組織或團體曾經如何嘗試去監督或影響政府？
- 人們加入這些組織或團體可以得到什麼好處？
- 在民主國家中，這些組織或團體扮演什麼角色？

7. 以下是一些民主的基本價值和原則。請標明哪些項目和你們建議的公共政策，以及執行公民行動方案任務的經驗相關，並說明其關聯性：
   - 價值
     ▲個人權利
        ＊生命，包括生活品質
        ＊自由
        ＊正義
        ＊平等
        ＊多元
        ＊眞理
     ▲公共利益
   - 原則
     ▲主權在民：人民是政府權力的根本來源
     ▲憲政
     ▲法治
     ▲權力分立
     ▲制衡
     ▲少數權利
     ▲司法審查

8. 以下是一些民主國家中重要的公民態度和特質。請標明和這次執行公民行動方案任務經驗相關的項目，說明其關聯性，以及它們對於民主國家的重要性。
   - 個人責任
   - 自律／自制
   - 禮貌
   - 勇氣
   - 尊重他人的權利
   - 尊重法律
   - 誠實
   - 開放的思想
   - 批判意識
   - 溝通和妥協
   - 堅持
   - 公民意識
   - 同情
   - 愛國

9. 進行這次公民行動方案的收穫。
   - 你學到了或增進哪些技巧？
   - 你學習到團隊合作有哪些優點？哪些缺點？
   - 你覺得哪些部分做得不錯？
   - 如果再次參與公民行動方案，你覺得如何改進會更有幫助？

第四章

公民參與在民主國家的重要性

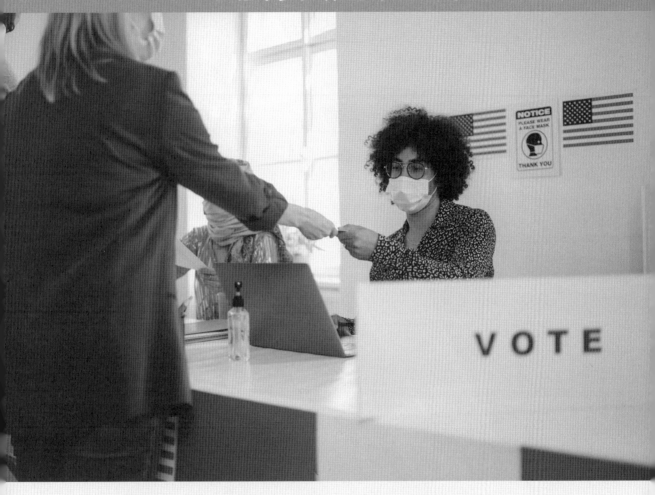

課程目標

這一章的目的是要幫助同學們瞭解，爲什麼公民參與對民主國家而言是重要的。同學們會討論參與的重要性、如何參與，以及民主國家如果缺乏公民參與的結果。

下面有 3 段引文，說明了民主國家中公民和政府的角色與責任。請班上同學分成 3 個以上的小組，每個小組讀一段引文，並回答引文後面的問題然後準備向全班同學報告與討論各組的答案。

第一組

如果自由和平等如同有些人所認爲的那樣，是民主的主要基礎，那麼，讓所有的人以同等的身分盡可能的參與政治，就能得到自由和平等。

—亞里斯多德，《政治學》
（西元前 340 年）

1. 你可以用什麼樣的論證來支持這個想法？亦即，在民主制度裡，「所有的人以同等的身分」必須「盡可能的參與政治」，就能讓自由平等開花結果？
2. 如果在民主制度裡，「所有的人以同等的身分」必須「盡可能的參與政治」，就能讓自由平等開花結果，這意味著公民應該要承擔哪些責任？
3. 你可以用什麼樣的論證來支持這個想法？亦即，民主政體會比其他形式的政體更有可能得到自由和平等？
4. 你同意亞里斯多德的說法嗎？為什麼同意或為什麼不同意？

第三組

　　毋庸置疑，一小群深思熟慮、積極投入的公民可以改變世界，事實上，這也是唯一一直存在的事實。

　　——瑪格麗特・米德（1901-1978）

第二組

　　就我所知，社會的最終權力必須交由人民掌控，除此之外別無更安全的做法。如果我們認為人民沒有足夠的知識能力來審慎周全的控制權力，補救之道不是把人民的控制權拿走，而是要增進其判斷能力。

　　——湯瑪斯・傑佛遜（1820）

1. 你可以用什麼樣的論證來支持或反對這項敘述？
2. 你可以舉出一小群公民在其所在的社區、州、國家或是全世界，造成重大改變的例子嗎？他們如何達成其目標？
3. 如果你想要讓社區有重大的改變，你會採取什麼步驟？你覺得這樣做可行嗎？為什麼可行或為什麼不可行？

1. 你可以用什麼樣的論證來支持這個想法？亦即，社會的最終權力必須在全體人民的手中，而不是在一群知識菁英的手裡？
2. 如果社會的最終權力必須在全體人民的手中，這意味著個人或全體人民有哪些責任？
3. 如果大多數人民都「沒有足夠的知識能力來審慎周全的控制權力」，民主政治可能會產生什麼樣的結果？
4. 這段敘述意味著公民和政府各有哪些責任？

誠如同學在前面的各步驟中學到的，公民們一起合作，針對社區現在面臨的問題制定並支持其公共政策解決方案是重要的。同學們也學到如何監督及影響公共政策的決定，或許有機會成功的讓政府官員考慮或採納你所提議的公共政策方案。即使同學們嘗試過了，但提案卻未被考慮或採納，同學們也可以得到寶貴的知識和重要的技巧，成為民主憲政國家中更有能力、更能承擔責任的參與者。

以下是同學們在第一章中回答過的一些問題（見第 100 頁），先不要回去看你們當時的答案。現在你們已經完成了整個公民行動方案，請重新回答這些問題，再比較看看，完成公民行動方案前後的答案有何不同，並和全班同學分享。

對所有的公民來說，重要的是要增加知識和發展技巧，以提升監督和影響政府制定與執行公共政策的能力。公共政策必須由公民來監督，有時候也需要修正更新。新的問題、利益或目標需要新的公共政策。自律的社會中，在制定和執行公共政策的過程裡發聲，是每個公民的權利和責任。

公民行動方案的贊助人希望從這個活動中所培養的經驗和能力，能鼓勵大家在社區、州、國家的政治生活中，扮演更積極的角色。如果美國要成為一個「民治、民享的國家，為所有人民謀求自由和公義」的歷史任務，參與自治的民主體制是必要的。

◉ 你有什麼想法？◉

1. 公民有沒有責任參與社區的公民生活？
   (A) 沒有責任
   (B) 有一點點的責任
   (C) 有比較多的責任
   (D) 有很多的責任
   請說明理由。

2. 公民有沒有責任參與地方、州和國家層級的公共政策制定程序？
   (A) 沒有責任
   (B) 有一點點的責任
   (C) 有比較多的責任
   (D) 有很多的責任
   請說明理由。

3. 在社區中，公民可以做些什麼來監督公共政策的制定和實施？

4. 在社區中，公民可以做些什麼來影響公共政策的制定和實施？

5. 公民要如何接觸地方、州或中央的政府機關？

6. 公民社會中的志工組織可以用哪些方式參與公共政策的制定？以及在某些情況下參與公共政策的執行？

7. 如果一個人決定不參與公民生活會有什麼結果？如果一大群人不參與公民生活會有什麼結果？